Et si c'était nous

Marc Anstett

Et si c'était nous
Petit éloge d'un tango des sens

Essai

B<u>o</u>d

Photographie de couverture : Yves Wodey

© 2011, Marc Anstett
Editions : Books on Demand
12/14 rond-point des Champs Élysées
75008 Paris

Avant-propos

Aux âmes sœurs de mes tangos

Je n'ai pas la science infuse. Mon regard sur le tango argentin est foncièrement subjectif et masculin, comme celui que je porte parfois sur vous, compagnes de mes danses et de mes émois. Ce que j'écris ici n'est pas un essai consacré à la technique du tango. C'est un témoignage d'ordre émotionnel doublé d'une volonté partisane. Il s'exprime par le truchement d'une expérience artistique en musique et en théâtre, domaines complémentaires qui forgent ma sensibilité depuis bientôt quarante ans.

Peut-être vous reconnaitrez-vous ici où là, à travers ces sentiments mêlés ? J'ai eu la chance de vous chérir contre mon cœur le temps de quelques *tandas* qui restent vivantes dans ma mémoire…

« Ce qui est bon n'appartient à personne »
Jorge Luis Borges

Tu es fine, légèrement dorée par le soleil, de taille moyenne. Toute vêtue de noir, comme moi. Ce noir à la fois sobre et élégant, qui met si bien les visages et les mains en valeur. Tu es assise juste en face, de l'autre côté de la salle. Nos premiers regards sont déterminants. L'impression d'être en présence de l'âme sœur. Harmonie inexplicable. Complicité immédiate. C'est pourtant notre toute première rencontre.

Nous ne dansons pas tout de suite. Nous peuplons ce délicieux sursis de quelques coups d'œil furtifs échangés comme en coups de vent. Ils traversent l'espace qui nous sépare comme des rais de lumière pour nous atteindre en plein cœur. La piste est animée par une *tanda* de *milongas* rapides qui s'achève. À travers le flot des danseurs qui regagnent leurs places, nos regards se précisent, mes yeux se verrouillent dans les tiens, les tiens se fondent dans les miens. Le contact est établi sans plus aucun détour. Je fais un petit signe de la tête auquel tu réponds. Nous nous levons dans la foulée, pour nous lancer enfin, l'un vers l'autre, l'un pour l'autre.

Dès la première danse, les tout premiers frissons. Sensation de bien-être, d'entente instinctive. Nos corps s'épousent dans un *abrazo* que tu reçois pleinement en t'abandonnant contre ma poitrine et très vite notre étreinte devient une reconnaissance, presque un aveu, comme un acte d'amour tombé du ciel à la vitesse de la lumière, dans cette salle insouciante de notre émoi et de notre monde intérieur qui est en train d'éclore comme un bouquet de fleurs sauvages.

Il n'y a rien à dire. Sentir uniquement. Car tout se situe au niveau des sens. Se laisser porter, se laisser bercer par la vague d'un bandonéon flamboyant aux accents nostalgiques, rester tous deux perméables aux courants troublants qui nous parcourent, aux parfums mêlés qui nous enivrent. Vivre la magie de l'instant, s'en délecter, s'en imprégner, se tremper avec délice dans cette source sortie de terre à l'orée du désert. Danser...

Tu es si joliment basanée. Les yeux sombres, de velours. Ta corpulence est juste à ma mesure. Ta marche est sublime. D'une grande stabilité. Fluide et bien ancrée dans le sol. Tu es à l'écoute des moindres détails, confiante, détendue, souple et accueillante. Mes pas dans les tiens, les souffles chauds de nos bouches si proches l'une de l'autre — parfois trop proches — tes lèvres entrouvertes, ta nuque exquise, tes cheveux de jais, tes yeux mi-clos, ta poitrine contre la mienne... Tout me vient en plein cœur, en plein corps. Nous nous sommes fondus l'un dans l'autre à une vitesse étonnante. Personne n'avait rien demandé à personne et pourtant voilà, tu es l'âme sœur. Rien ne sera plus jamais comme avant entre nous, nous le savons pertinemment, même si aucun mot n'est prononcé dans ce sens, car au tango ce sont avant tout les corps qui parlent…

Après une série de valses, notre première séparation, de circonstance. Briser notre voluptueuse étreinte, rompre l'anneau magique, s'en évader peut-être, pour retourner s'asseoir et reprendre son souffle. Une coupure si nécessaire avant d'aller vers une autre compagne de jeu pour continuer à danser — différemment peut-être —, car ce moment sensuel qui nous a si profondément unis est rare et précieux. C'est celui que nous recherchons tous sur la piste, éternellement. C'est pour lui que nous venons dans les *milongas*, portés par nos désirs les plus ardents. Nous nous sommes reconnus dans cette quête, physiquement, tactilement, amoureusement, pour confondre nos deux êtres et voguer sur cette musique d'une nostalgique beauté.

Reprendre son souffle donc, avec le cœur et le corps encore pleins de cette charge émotionnelle et pressentir déjà combien notre prochaine étreinte, âme sœur tombée du ciel — tu me manques déjà — sera à nouveau un ferment de sentiments troublants, de mains et de poitrines fusionnées, d'haleines croisées, de jambes et de cuisses effleurées. Nous serons à nouveau bercés par la musique qui nous unira pour un bonheur sans équivoque, je te guiderai dans cette quête et tu me traduiras finement, le tango façonnera ce délicieux parcours dans l'espace avec élégance et sans calcul préalable, sans même nous demander notre avis, mais avec bienveillance, pour d'autres tours d'un manège émouvant, parce qu'au tango c'est aussi d'abord le corps qui décide...

Tu as l'air timide et tu sembles fragile. Assez grande, mais ça, je ne le vois pas tout de suite. Tes chaussures à talons bas ne sont pas celles que l'on porte pour l'occasion. Dans le monde du tango argentin, la chaussure tient une place importante, pour ne pas dire prépondérante. C'est à cela que l'on reconnaît les débutantes. À leurs chaussures. Plus tard, avec l'apprentissage et le rituel, le pied s'affinera, les chaussures prendront de l'éclat, et toute ta silhouette montera un peu plus vers le haut avec élégance et aplomb, te portant audacieusement au-dessus de ces talons légendaires. Oui, comme toutes les autres, un beau jour tu redoreras le blason de tes pieds grâce à des « chaussures de princesse », objets de tous nos regards, ceux des hommes, ceux des femmes, et tu y trouveras un nouvel équilibre. Lorsque tu en seras là, tu seras certainement beaucoup trop grande pour moi. Je deviendrai nain face à ta beauté magnifiée. Tu ne percevras plus de moi que le sommet d'un crâne à moitié dégarni ! Et notre étreinte y perdra peut-être un peu de sel…

Erreur monumentale, car avec le temps rien n'a changé. Nos corps continuent à s'accorder malgré nos différences, tes chaussures n'étant plus celles des débuts. Ta silhouette a pris de l'allure, les mois sont passés, les danses aussi et les soirées s'enchainent à un rythme soutenu. Nos deux corps fusionnent maintenant avec plus de complicité et plus de plaisir. Nous avons trouvé notre juste mesure, toujours plus harmonieuse sur cette partition qui jamais ne s'achève. Pourvu que cela dure.

Une grande danseuse argentine a dit « qu'elle n'avait jamais su s'il y avait vraiment une relation entre le tango et la vie, mais entre le tango et l'amour, sans aucun doute. » Pour certains d'entre nous, dans les *milongas*, cette phrase n'a aucun sens, elle n'est qu'un mythe, voire une prise de tête d'une dramaturgie démesurée, en tout cas quelque chose d'inaccessible.

Pour ceux qui tiennent parfois ce langage, le tango n'a rien à voir avec un acte d'amour et leur étreinte n'en est pas une. À les voir danser, ils semblent plutôt s'observer l'un l'autre — presque avec méfiance — en dehors de tout *abrazo* significatif. Ils se volent parfois la vedette au cœur de ce système défensif, pour épater la galerie peut-être, ou pour s'épater eux-mêmes, je ne sais pas, comme gesticulant de concert devant un miroir aux alouettes. Et j'en ai rencontré pas mal, des cousus dans cette étoffe-là...

Tango, tu es le reflet parfait de notre capacité à aimer, à partager nos sentiments et nos émotions à travers la musique mais pas seulement, ce serait réducteur, il y a autre chose. « Comme dans tout ce qui est authentique, il y a un secret », nous dit Jorge Luis Borges. Je sens qu'il y a ce don de l'invisible et de l'indicible, ce cœur commun qui bat pour nos sangs mêlés, qui nous berce et nous émeut comme des enfants dans le sein de leur mère nourricière, au-delà de la musique, au-delà de la danse. Oui, il y a assurément une relation entre le tango et l'amour, pour citer à nouveau cette grande danseuse qu'était Maria Nieves Rego au milieu du siècle dernier. Quelque chose que nos corps recherchent et qu'ils peuvent reconnaitre sur-le-champ lorsque cela surgit au cœur de l'enchantement, quelque chose qui nous guide émotionnellement dans cette étreinte éphémère, mais profonde, cette fluidité qui nous fond l'un dans l'autre avec passion au sein d'une même énergie.

Pour certains d'entre nous, il faudra mettre des œillères encore un certain temps — peut-être éternellement — pour ne pas voir cette vérité en face. Apparemment, ils ne sont pas encore prêts à danser avec leur cœur, dans le plaisir et l'abandon ou dans la chaleur des torses en appui, et peut-être encore moins à travers leurs sens. Y arriveront-ils un jour ? C'est probable, avec le temps. Sauf si par essence et par le biais d'une sélection naturelle intrinsèque à tout rapport humain, le tango n'était pas fait pour tout le monde…

Et si c'était nous

Toi, mon âme sœur d'ici ou d'ailleurs — que je ne veux ni ne peux nommer, car tu es la somme de toutes et la singularité de chacune — tu es beaucoup plus belle, à chaque fois. Bien sûr que ta beauté est dans mes yeux ! Et tout le monde n'a pas mes yeux... Mais elle est aussi dans les tiens ! Et tout le monde n'a pas les tiens... Vois-tu combien le tango nous transforme ? Sens-tu comme il nous façonne et nous transporte dans un monde sensoriel, débarrassé de notre sacro-sainte identité socioculturelle, de notre poids annuel en dollars, de la hiérarchie, des pouvoirs maléfiques ou des parts de marché ? Le tango nous entraine sur les sentiers d'un jardin sensuel où nos corps resteront toujours les seuls à prendre vraiment la mesure des choses, avec leurs histoires intimes révélées à chaque pas, leurs fébrilités touchantes, leurs forces audacieuses, leurs charges émotionnelles, mais aussi leurs blessures, leurs verrous et leurs clefs. Un univers où les couples se font et se défont pour vivre des amours éphémères et secrètes à des degrés plus ou moins fort, bien qu'ils soient constamment exposés au regard des autres.

Une danseuse argentine nous confiait un jour que « danser le tango, c'était comme faire l'amour » et une danseuse italienne nous disait que dans l'intimité que nous procure le tango, il y a cette part avouée d'adultère légal vécu au grand jour... Des dizaines de jardins secrets virevoltent ainsi sur la piste de ces amants d'un soir, d'une heure, ou de quelques minutes, enlacés avec volupté pour une *tanda* ou deux et parfois beaucoup plus. Des couples engagés dans une ronde enveloppante, qui les plonge dans des intimités partagées sans cesse renouvelées par le jeu de la musique et par celui de l'échange. C'est un vrai moment de paix au regard du grand bazar qui peuple le monde extérieur. Un espace de vie préservé, sorte de réserve indienne à la mode argentine, île de la dernière chance, voire de la première. Certaines femmes et certains hommes s'y bercent enfin l'un l'autre et enfin se couvent tendrement comme des oisillons dans un nid tout chaud. D'autres continuent à virevolter tout autour, avec plus ou moins de bonheur, de dispositions ou d'à-propos, électrifiant l'espace ici, épatant la galerie là, pour un autre parcours, pour un autre discours.

Milonga, tu es un bien curieux brassage d'hommes et de femmes à la recherche de plaisirs divers et d'émotions plurielles. Ils semblent unifiés dans leur diversité par ta piste de danse, grand carré de bois magique et subtil échiquier de toutes leurs passions. Chacun est enclin à y partager sa force vitale ou à y reproduire sa solitude. Chacun peut y briller de son éclat ou y rompre l'enchantement. On y vit ce que l'on peut, ce que l'on nous a donné, ce que l'on a su prendre ou ne pas prendre. On y dévoile autant sa vérité que ses mensonges. On y exprime autant ses désirs que ses frustrations, sa grâce, sa fougue, son désespoir, sa chaleur humaine ou sa fièvre amoureuse. Chacun s'abandonne à l'intime ou s'adonne à l'exhibition avec toute la complexité de son être, dans la multiplicité de rencontres fugaces ou dans la profondeur de beaux *abrazos* portés par la musique, tantôt chauds et suaves, tantôt salés, têtus et fiers comme des hidalgos. On s'y perd aussi parfois dans l'obscurité d'un néant personnel.

C'est un bal pour la vie où le féminin et le masculin s'épousent et se conjuguent à l'infini, se fondent et se confondent. On s'y observe, on s'y ajuste tendrement, on s'y défie avec frénésie, on s'y engage avec sentiment, on s'y désenchante avec amertume. C'est pour le meilleur comme pour le pire. *Milonga*, tu es parfois le microcosme ingénieux pour une thérapie réparatrice des corps somnolents et des esprits fébriles. Car dans ta ronde, la vie recommence en nous mettant tous dans la balance, réorganisant de nouvelles relations entre les êtres, à travers une intelligence sensorielle fondamentale et des sentiments qui s'expriment tantôt au féminin, tantôt au masculin, mais toujours au pluriel.

« Danser le tango, permet de réfléchir à la problématique des genres… aux rapports hommes femmes », disait un de ces nombreux psychanalystes argentins.

Seul, sur le bord de la piste, le visage hypnotique comme lorsqu'on regarde le feu. J'observe les tours, les pivots, les marches et je vole quelques sentiments dévoilés sur le visage de ces femmes de passage devant moi, presque évanouies de bien-être dans un *abrazo* qui donne le ton de leur danse tout entière. Ici et là, des étreintes parfois fermes, parfois alanguies, des académiques, des suffocantes, des souples, des raides, des glaciales, des ingénues, des scolaires, des douloureuses, des amoureuses, des sulfureuses…

J'observe quelques hommes protecteurs et attentionnés, d'autres concentrés et bienheureux dans leur guidage de haute voltige. Des paires d'amants improvisés s'en vont et viennent sous mon regard pensif, portés par la musique d'un chanteur argentin pleurant sa terre natale et guidés par leurs corps conjugués dans l'émoi.

Parmi les plus beaux amants de la ronde, une femme si joliment mûre, magnifique et inspirée, lovée dans un *entrega* noblement sexué, les yeux fermés, se laissant bercer par son homme, droit et souple, intense et protecteur, les yeux et les paupières baissés lui aussi, mais avec juste ce qu'il faut d'ouverture pour discerner savamment autour d'eux tous les espaces possibles, afin d'y emporter sa belle sur une série de variations subtiles, sans casser la ronde et sans briser l'étreinte...
Ils tournent devant moi, chargés de sentiments d'une transparence émouvante...

« *L'abrazo* nous révèle, en dépit de ce que nous voudrions cacher », nous dit encore si judicieusement Benzecry Saba.

J'attends. Tu n'es pas là, toi l'âme sœur de tous mes émois. Une impression de vide. De manque. Peut-être déjà cette nécessité impérative qui semble parfois se transformer en véritable dépendance...

Viendras-tu pour construire avec moi cette exquise et voluptueuse étreinte, reconstruire ou reconduire ce bel anneau manquant, à la manière de ces amants d'un soir qui passent enlacés sous mes yeux ? Je l'imagine et je l'espère ardemment dans mes rêves les plus purs. Si tu arrivais maintenant, je te devinerais au milieu des autres, dès ton apparition. Tu me discernerais aussi, immédiatement, en quelques battements de cils et de cœur, car ce moment-là nous n'avons de cesse de l'attendre tous dans les *milongas* et dès ce premier échange de fluides nous aurions cette certitude, mais sans rien laisser paraître, que tôt ou tard dans la soirée — rien ne presse — le puzzle pourrait se reformer, chaque pièce trouvant sa place sans effort ni contrainte, juste pour le plaisir de la danse et aussi pour l'amour sans doute…

Tendres âmes sœurs d'ici ou d'ailleurs, nous n'avons jamais parlé d'amour. À quoi bon, nous avons dansé. Des dizaines de fois. Des centaines. Quelqu'un a dit aussi que « le tango était la première danse de couple où l'on ne parlait pas.» Le tango argentin est si riche de ces moments où les mots ne servent plus…

J'en ai vu pourtant qui parlaient constamment, qui discutaient, qui commentaient, qui baratinaient ou qui draguaient même, qui bavassaient en analysant les moindres mouvements, auscultant la mécanique sous toutes ses coutures, à chaque pas, on les entendait bruisser comme des abeilles affairées à la ruche, bourdonnant jusque dans nos oreilles à la croisée de nos chemins de danse, s'interrompant par à-coups pour mieux discourir jusqu'à dénaturer la ronde tout entière, cherchant la « raison » de tout ça, expliquant d'un ton professoral le pourquoi de la chose – et surtout le pourquoi pas –, et tout ça en « dansant » !

L'abandon n'est pas facile. Il n'est visiblement pas donné à tout le monde. C'est un cadeau des dieux quand il nous est offert. Il procure des sensations si profondes, si troublantes. Pour certains, il n'est pas raisonnable, pour d'autres il n'est pas raisonné. Alors en parlant, sens-tu combien ceux-là restaient en dehors pour garder la tête hors de l'eau, le corps et l'émotion sous contrôle, pour rester sains et saufs ? Le tango n'avait aucune prise sur eux, ils en sortaient indemnes. Toi qui me ressembles, sens-tu comme ils tentaient d'échapper à la noyade sensorielle, de se soustraire à cette étreinte pourtant si délicieuse et si touchante que nous voudrions vivre à chaque fois.

La piste n'est pas un lieu de parole. Y parler apparaît comme une échappatoire au lâcher-prise, une bouée de sauvetage pour les plus démunis. « Parler comme un moulin »… et pourquoi pas « bouger comme un moulin » pendant qu'on y est ? Dans le langage imagé des *tangueros,* on les appelle des « rameurs » ou des « ventilateurs », ça gesticule à tort et à

travers en battant des bras, ou ça tchatche, ça tchatche, ça n'arrête pas de gesticuler ou de tchatcher en maladroits donneurs de leçon qu'ils deviennent à force de blabla. Pauvre âme sœur esseulée qui espérait un réconfort, une protection, une chaleur humaine, un anneau magique dansant pour une sensuelle et tendre petite histoire d'amour de dix minutes, dix minutes à peine, ce n'était pas trop demandé… tout s'est envolé, la voilà maintenant en plein examen de passage pour obtenir son diplôme ou comprendre ses soi-disant dérapages !
Chercher l'erreur, monsieur le professeur de pacotille…

Dans les *milongas*, beaucoup de femmes me font de l'effet. Des plus jeunes aux plus âgées, des plus voluptueuses aux plus affûtées. Je les trouve presque toutes belles. Je n'ai jamais ressenti cela aussi fortement qu'au tango. Dans la vie, je ne connais pas de situations où mon regard serait aussi intensément porté vers un si grand nombre de femmes à la fois. C'est toute la magie de ces soirées. Nous nous cherchons… Chacun y va de son talent, de sa sensibilité, de sa fantaisie ou de ses dons naturels pour faire briller le lieu, avec ou sans fard, maladroitement ou avec élégance, avec science ou naïveté, et tout comme toi mon âme sœur, au cœur de cette ambiance expressive, colorée de multiples facettes, je suis en quête de fusions émotionnelles et charnelles qui illumineront mon ciel par flashs intermittents...

La milonga, c'est exactement l'inverse du grand bazar qui nous entoure, celui qui peu à peu nous sépare, qui empêche nos corps de vivre leurs pulsions tendrement ou amoureusement ensemble, à cause de notre culture, de la morale ou de l'éducation, des blessures ou des indigestions de notre prime enfance peut-être. Un grand bazar insensible qui ne voudrait gérer nos vies et nos affects que par écrans interposés. Il m'est arrivé d'imaginer, à plusieurs reprises, que dans un monde futuriste bien léché, aseptisé et définitivement débarrassé de nos corps gouvernants, les gens danseraient le tango de façon virtuelle à l'aide d'un petit écran positionné devant leurs yeux, substitut de partenaire de chair et de cœur navigant au doigt et à l'œil, à l'abri de tout bouleversement d'ordre émotionnel et de toute déconvenue... Un vrai cauchemar, donc.

Et si c'était nous

Aujourd'hui, je ne me lance plus à l'aveuglette pour danser à tout prix comme à mes débuts. Je pense en avoir terminé avec ce genre de frénésie tout à fait légitime lorsque l'on a l'impression d'avoir acquis ses premiers galons. J'ai appris à observer, avec le temps. J'ai appris à attendre le bon moment — le meilleur moment — pour ne rien gâcher dans la somme des possibles. J'ai appris à attendre « ma » *tanda*, attendre « mon » âme sœur. Maintenant, je choisis. Je ne voudrais pas gaspiller ce magnifique potentiel uniquement pour gesticuler devant la galerie, brasser de l'air ou tester mes acquis sur une « cobaye » de passage. Je ne voudrais pas non plus danser sur n'importe quelle musique, ni me retrouver en face d'une âme en peine cherchant désespérément son guide de la dernière chance. Les *milongas* ne sont pas des endroits où l'on vient prendre ou donner un cours. Pour cela, il y a des *practicas*, des stages et des professeurs. Il est préférable de venir à la *milonga* avec un minimum d'acquis. Connaître certains mouvements de base et certaines règles de conduite nous évite de troubler le lieu. Le tango exige une vraie implication physique et émotionnelle. On est armé d'un potentiel, mais aussi de fragilité. Il faut y être préparé.

En attendant que les choses se mettent en place, on peut parfaitement rester assis à regarder, tout en laissant flâner ses sens sur la musique et sur la piste. Comme un exercice d'approche et de reconnaissance, c'est aussi un vrai régal pour les yeux tant il y a à voir. Autant sur la piste que dans ses coulisses. C'est une étonnante vitrine en mouvement, révélatrice d'une foule de strates dans la construction du rituel.

Dans la panoplie de ses nombreux attributs, les chaussures y tiennent évidemment toujours leur rôle princier. Nul besoin d'être hypersensible, ni d'être rompu à la délicieuse symbolique du pied et de ses prolongements pour en apprécier les multiples tendances. Elles s'imposent d'elles-mêmes avec éclat, élégance ou fantaisie, au masculin comme au féminin, mais aussi parfois avec quelques lourdeurs sportives incongrues. Que dire encore des étoffes en tous genres, des parures, des coiffures… ou de ces silhouettes en quête d'invitations, si subtilement énamourées dans leurs postures d'attente ? L'inventaire est loin d'être terminé. Au tango, il n'y a pas que la danse…

Donc, maintenant je choisis — et elles me choisissent aussi bien entendu —, car nous voulons vraiment danser par consentement mutuel et si possible avec l'intention d'être pleinement engagés l'un pour l'autre. Sinon à quoi bon ? Cela a pris du temps.

Dans mes premières *milongas*, je restais d'abord des heures assis à regarder ; mais surtout parce que jamais je n'aurais osé inviter qui que ce soit, trop belle, trop fine, trop grande, trop petite, trop expérimentée, trop professionnelle, enfin, la liste est longue… Je connaissais déjà les bases, mais je me fermais à tout par peur de déplaire, de décevoir, de ne pas être à la hauteur, alors qu'il aurait suffi d'être au plus juste de mes sensations, au plus vrai de ma nature. Quel que soit son niveau, on ne danse jamais mieux qu'en étant vraiment soi-même et surtout en restant simple. Car il n'y a aucune obligation d'achat ni de résultat, ni quoi que ce soit à prouver à personne. Danser en y mettant toute sa sensibilité, en s'appliquant à rester délicat avec sa partenaire, à la protéger pour la mettre en confiance tout en respectant la ronde. Sinon, comment transmettrait-on le fameux « guidage » ? Par la force ? Au hasard ? Au jugé, pour ainsi dire…

Moi qui suis plutôt à l'aise dans la vie, je me retrouvais au début comme un enfant démuni, timide et fragile. Ce n'était plus mes sympathiques copines des *practicas* qui étaient assises là, mais de parfaites inconnues avec leurs mystères, leur pouvoir de séduction, leur beauté sensuelle ou leur chaleur humaine. Aller vers une de ces femmes pour la prendre dans mes bras de façon intime me semblait assez audacieux au regard de ma petite expérience dans le tango. Un jour, je me suis lancé – une sorte de courage inespéré – et à ma grande surprise quelques-unes de ces inconnues m'ont accueilli, et pas des moindres. Les ailes me sont poussées en un soir. Fort de ce grand pas en avant, j'ai

invité avec plus d'assurance, puis en prenant le temps de sentir les choses, de les appréhender. Quelques années sont passées et maintenant je choisis. Cela ne veut pas dire que je veuille me mettre à l'abri du « risque » ou que je devienne élitiste, loin de là. Je reste prêt pour toutes les aventures, même les plus improbables, même les plus potentiellement « dangereuses ». En fait, j'ai l'impression de choisir de mieux en mieux, car dans la foulée je danse aussi de mieux en mieux, c'est-à-dire de plus en plus à *ma* mesure. Et tout le monde y gagne : le tango, la ronde, ma partenaire, et moi-même. Ce n'est plus une question de niveau technique. C'est devenu bien plus intuitif et plus sensuel. Et dans cette évolution des choses, les femmes chaleureuses et simples m'apparaissent avoir des atouts plus en phase avec mon besoin de partage dans la musique et dans l'*abrazo* et avec mon ressenti dans la danse.
Parallèlement, certaines « techniciennes » m'apparaissent toujours un peu trop sujettes à la démesure ou à la préciosité...

Dans la somme des choix à faire, il y a aussi les danses. La valse s'accorde mieux avec un certain type de danseuse, le tango avec un autre, et il en est de même pour les milongas, plus rapides et plus enjouées. Pour moi qui suis musicien, les musiques ont évidemment une énorme importance, et pas uniquement pour l'émotion qu'elles génèrent dans la danse. Elles déterminent l'atmosphère de toute la *milonga* et il n'est pas rare que des soirées basculent dans l'ennui à cause d'un DJ en décalage soit avec le tango soit avec le moment. Quant à certaines musiques qui envahissent les pistes avec une lourdeur rythmique et mélodique à l'image des courants dominants, elles ne valent pas mieux que celles qui étalent leur naïveté mielleuse et bas de gamme tout à fait hors de propos… Les bals de tango argentin doivent rester des pôles de résistance et ne pas se faire gober tout cru par des modes à deux sous. À défaut, ils passeront avec elles.

Je suis arrivé au tango par la musique. C'est elle qui m'a ouvert aux sensations que je ressens maintenant dans la danse. Cette musique si particulière, empreinte d'une nostalgie touchante et d'une expression sensible, toutes deux porteuses d'histoires humaines qui ont traversé le temps. Comme dans d'autres styles, des musiciens se sont appropriés les fondements de cet univers aux couleurs singulières pour en développer les thèmes, les prolonger ou les rendre plus éclatants. Ils se sont ainsi inscrits dans les plus grands courants culturels, avec les influences les plus pertinentes.

Mais parallèlement, d'autres ont suivi un chemin moins subtil et plus commercial en dénaturant la matière jusqu'à la ternir.

Bref, j'écoute, j'observe, et je choisis en conséquence, en toute liberté. Le reste suit, ou ne suit pas. Si le tango fonctionne par phases, il m'a fallu franchir ces étapes nécessaires. Plus je danse, plus je sens combien il y aura encore d'étapes à découvrir, humaines, émotionnelles, techniques. Mais je ne suis plus assez naïf pour croire que ce sont les barrières techniques qui poseront le plus de problèmes. Bon nombre de danseurs arrivent assez vite à se mouvoir dans des figures plus ou moins complexes, mais beaucoup plus rares sont ceux qui le font en musique, avec élégance et en ayant un réel engagement émotionnel dans l'*abrazo*.

Sur ce grand escalier que je gravis marche après marche et au regard de toutes les déconvenues ou de tous les bonheurs qui m'attendent à chaque palier, j'ai observé une chose pratiquement immuable : les plus grandes danseuses — les meilleures

— sont toujours les plus généreuses. Elles vont jusqu'à mettre votre potentiel en valeur, si petit soit-il, si enfoui soit-il, par le raffinement qu'elles vous inspirent et la façon dont elles vous traduisent. On pourra toujours compter sur leur écoute si l'on s'engage avec émotion et sincérité, car ce ne sont plus de prouesses techniques dont elles ont besoin. Sans doute n'ont-elles plus de comptes à régler avec le tango, ni avec l'existence, et encore moins avec les hommes. C'est bien là une des plus belles richesses du tango argentin que de pouvoir nous unir de la sorte.

Pourtant, il arrive que dans certaines *milongas* rien ne marche, alors que d'autres nous transportent au nirvana. Bien plus que notre aptitude à danser, c'est notre état intérieur qui y est pour beaucoup. Au cœur de l'alchimie, c'est lui qui cuisine la potion magique en catimini, parsemant ses essences et ses herbes ici et là, avec tact ou avec maladresse, afin de nous unir pour le plus émouvant… mais aussi parfois pour le plus rude. On vient rarement danser en laissant sa vie dans le placard. Pourtant, au bout de quelques danses, la magie s'installe et nous transporte…

Après un *cabecear* en direction d'une âme sœur imaginée, si cette invitation de la tête est acceptée, j'adore ce silence de quelques secondes qui précède *l'abrazo*. Certains vivent cette approche comme quelque chose de purement pratique. Ils marchent l'un vers l'autre et se joignent aussitôt sans la moindre précaution, démarrant sans même avoir pris le temps de ressentir l'instant de la rencontre et encore bien moins la teneur musicale. C'est pourtant un passage extrêmement sensible, déjà chargé de multiples émotions. Nous nous sommes choisis, nous allons nous rejoindre, nous allons nous étreindre, sans même nous connaître ou si peu — cela ne peut être insignifiant dans le cadre du tango — et nous nous avançons l'un vers l'autre, du bout des yeux, du haut de nos chaussures, délicatement, avec cette appréhension et ce désir pour la danse que nous allons construire et vivre ensemble et que nous voudrions belle au cœur de cette ronde argentine. À ce stade-là, tout reste encore possible dans un rêve qui se dessine. Nos regards se mesurent avec une sorte de pudeur. Nos bustes se rapprochent doucement, nos mains se joignent, nos corps entrent en contact. Nous nous perdons de vue afin que nos visages s'épousent tendrement par leurs joues, et le premier pas nous emmène dans la musique. À lui seul, cet instant est presque la quintessence de la danse qui va suivre. S'il fait naître une réelle émotion, alors très vite nous ne serons plus qu'un dans notre chaleur commune et dans le prolongement de nos corps enlacés nous emboiterons nos pas l'un dans l'autre, pour une marche fusionnelle et sensible. Car le tango est d'abord une marche. Même si parfois ça ne marche pas...

Et si c'était nous

Il est tard. Ils ne sont plus que quelques couples dans la nuit. Je suis assis sur le bord de la piste, hypnotisé par ce feu musical qui se consume dans la pénombre crépusculaire, rougeoyant de magnifiques braises incandescentes. C'est la chaleur qui couve encore, révélant dans son intensité les parfums des feux d'artifice évanouis dans nos ciels au fil des heures...

Enfin, tu es là. Mon âme sœur de fin de parcours. Celle à laquelle je ne croyais plus. Celle que je n'attendais plus à cette heure avancée de la nuit. J'ai cru mourir, de tristesse ou d'abandon peut-être... Tout devient lumineux maintenant que tu es là. À toi seule, tu peux sauver la mise au regard de tout une soirée. Tu sais… de ces soirées mélancoliques, tristement orphelines de tangos sensuels et de valses aériennes dont toi et moi avons le secret. « Un seul être vous manque et tout est dépeuplé » a-t-on écrit un jour, sans doute pour notre gouverne à nous, les bâtisseurs du rêve. Je ne veux pas dire que je suis amoureux. Non, bien sûr, et pourtant… certains ingrédients sont bien là, au-delà du plaisir simple de ces retrouvailles tardives. Car il y a une mémoire de nos corps et de leurs fusions qui nous traverse, à l'instar de celle d'amants véritables. Nos corps ont gardé la trace de ce qu'ils ont déjà senti ensemble et nous le renvoient avec bienséance. Dès les premiers pas, notre étreinte est une évidence et la musique nous enflamme de son feu passionnel. Nous pouvons nous retrouver après des semaines voire des mois d'absence, rien ne change, nos corps s'embrassent comme s'ils avaient laissé leurs empreintes l'un dans l'autre et qu'il suffisait de les réunir à nouveau comme un moule et son modèle s'épousant à la perfection, chacun étant le vide et le plein de l'autre à la fois, si délicieusement. Je te sens vibrante et fluide contre moi, tu me sens protecteur et attentionné, ton sein est doux contre mon buste, débarrassé de toute armure, tu n'es pas méfiante, ni en retrait, tu t'abandonnes au chant d'un violon dont le *rubato* a des accents tziganes, d'un bandonéon mélancolique qui pleure à plein poumon, je te protège tendrement dans notre marche fusionnelle. Oui, je te protège et je te chéris, toi qui n'as pas les yeux derrière la tête et qui marches à l'aveugle, avec moi, en m'offrant toute ta confiance…

Ces sensations-là, je ne pouvais pas les avoir au début, lorsque j'ai fait mes premiers pas. Je les pressentais et j'étais prêt à les vivre à fond, oh ça oui, mais sans y avoir accès. Il me manquait une clé. C'était dû au fait de la très mauvaise posture, trop large, trop éloignée, trop rigide, trop académique, trop méfiante. Une posture en total décalage avec l'objet du désir et tout juste bonne à regarder scolairement ses pieds qui balayent le sol avec maladresse — tête baissée et dos convexe la plupart du temps — sans aucune fusion dans les poitrines, mais avec tout dans les bras. On est seul et l'on danse l'un en face de l'autre — ou plutôt l'un à côté de l'autre — avec les yeux, mais si peu avec les sens. Une technique d'approche « spécial inhibés », dit-on, en allant parfois presque le brandir comme un fer de lance tant la méthode semble édifiante, jusqu'à parler *d'abrazo* « ouvert »... Mais nous savons toi et moi que l'étreinte, par définition, ne peut être que fermée. Si elle ne l'est pas, c'est qu'il y a quelque chose d'autre à la place, de moins... redoutable ! Un vide peut-être, en attendant le plein... un coussin de lumière pour des êtres galactiques... qui sait ? Mais nous, les terriens de chair et de cœur, de quoi aurions-nous peur en imaginant notre fusion plutôt que de la vivre pleinement, bien ancrés dans le sol ? Que l'on nous demande déjà dès les premiers pas de nous plonger tout entier dans cette source d'émotion et d'intimité portée si puissamment par la musique ? C'est pourtant la base et la raison d'être du tango, la seule – lorsque l'on n'est pas en scène pour faire un *show* avec d'autres impératifs – la seule qui puisse construire peu à peu ce jeu subtil, ce jeu comparable à l'amour, avec ses embûches et ses trésors cachés, il faut le savoir dès le départ. Si je n'avais pas voulu ce genre de contact très fort avec toi, je n'aurais pas été vers le tango. J'aurais été à la pêche, j'aurais joué à la pétanque, ou au mieux je me serais lancé dans la danse acrobatique histoire de rompre définitivement avec toute ambiguïté.

Cela veut dire qu'au tango il y a deux sortes de débutants. Ceux qui sont débutants dans la danse, et ceux qui sont débutants dans la vie... Voilà une vraie différence entre nous tous. La seule qui mérite vraiment que l'on s'y attarde pendant l'apprentissage, car elle pose les questions de fond, les seules propres à libérer notre sensibilité et notre créativité. Alors peut-on imaginer qu'un professeur pose cette question piège à ses élèves ? « Vous êtes de quel bord ? La vie ou la danse ? » Plus sérieusement oui, on pourrait très bien l'imaginer… mais ce serait dans le cadre d'un tout autre enseignement, qui ne viserait pas à nous montrer juste des pas et des figures. Si le tango a évolué au fil du temps, son enseignement devrait pouvoir suivre le même chemin. Sauf qu'il y a un obstacle possible à cette évolution : en refusant de surfer avec les compromis, élèves et professeurs risquent d'y perdre autant en séduction qu'en plaisir facile et immédiat…

J'ai toujours pressenti que l'on ne pouvait vraiment expérimenter le tango qu'en partant d'abord d'un état émotionnel et d'une volonté de fusion. Ce sont les premiers éléments que l'on doit vouloir mettre en place et que l'on doit chercher à sentir. C'est seulement à partir de leur émergence – voire de leur acceptation – que le mouvement peut trouver des prolongements qui sont sensuels et sensitifs, car dès lors, il n'est plus une coquille vide. C'est une recherche proche de ce que l'on fait en art dramatique. Et à partir de ces fondements émotionnels, au tango, plus personne n'est jamais seul maître à bord dans cette quête de la danse. Il n'y a pas les hommes « si peu sensibles » qui dirigent d'un côté et les femmes « si féminines » qui obéissent de l'autre, car ce concept va à l'encontre du tango lui-même. S'il y avait soumission d'une des deux parties, ça se saurait et nous perdions dans la foulée la richesse de ce couple fusionnel où chacun s'expose désarmé devant l'autre, en état de grande fragilité, mais conscient d'une responsabilité commune. C'est là l'essence même du tango argentin. C'est sa chair, son cœur et son sang. Ce pourrait être là aussi notre tronc commun à tous dans la vie. Celui qui aurait dû fonder l'histoire et les rapports humains. Nous sommes des êtres complémentaires, doués de facultés consensuelles. Depuis la nuit des temps, nombre d'entre nous ont cherché à s'unir dans la chaleur fraternelle ou amoureuse d'une étreinte. Malheureusement, beaucoup s'y sont égarés. Leurs préoccupations essentielles sont restées basées sur l'idée d'un pouvoir les uns sur les autres.

Nous savons toi et moi que le tango – dans sa plus noble expression – ne vit pas à travers les mêmes règles que celles qui régissent aujourd'hui le grand bazar qui nous entoure. Nous savons qu'au contraire, le tango les remet en cause avec énormément de grâce et de pertinence. À lui seul, c'est une vraie petite révolution ! Au cérébral abstrait, il oppose le sensuel et le tactile. À la raison mesurée, l'émotion et l'abandon. Et au pouvoir unilatéral, le partage et le fusionnel. Et dans ce qu'il engendre alors, il ne prend que la substantifique moelle pour nous plonger intensément dans l'intime. C'est pourquoi toi et moi y allons avec tout notre être, sans nous refuser, sans nous rétracter. C'est là comme poser notre petite pierre dans la complexe édification de nouvelles relations hommes femmes que le tango peut engendrer. Au sein de son processus, nous ne voulons pas nous réfugier dans un système de substitution avec ses surprenantes largesses et leur lot d'alibis bancals. Car nous ne voulons pas passer à côté de l'essentiel. Nous ne voulons pas passer à côté du tango lui-même. Nous voulons au contraire que par cette fusion sensuelle et émotionnelle, ce soit le tango qui gagne la partie…

Certains danseront éternellement de la sorte — comme d'autres vivront éternellement de la sorte — je veux dire… en regardant leurs pieds, en dehors de l'étreinte, s'éloignant ou s'évitant l'un l'autre, avec un espace vide entre eux et un masque de cire sur leurs cœurs. Ils se réfugieront dans un modèle qui les protègera de leurs sensations intérieures pourtant les plus nobles. À moins que ce ne soit pour se protéger des plus obscures, voire des plus honteuses… Mais à travers ce détournement des sens, c'est le tango lui-même que l'on rejette, toute la notion de couple qui se perd, qui s'annule, qui se meurt, et au final toute la *milonga* qui suit dans la foulée en y perdant son soleil et son feu.

Alors finalement, par essence, par souci de la juste mesure, ou par une sélection naturelle intrinsèque aux rapports humains, le tango n'est peut-être vraiment pas fait pour tout le monde…

Bien sûr que techniquement cela parait plus confortable de garder la distance – psychologiquement aussi d'ailleurs, je veux dire… comme dans la vie ! On risque déjà beaucoup moins de se marcher l'un sur l'autre et encore moins de s'abandonner à son monde intérieur vibrant de sensations fortes, car faire de la gymnastique avec comme principal dessein celui d'occuper l'espace — même très adroitement — n'a jamais ému personne, hormis certains athlètes aux jeux olympiques, peut-être. Mais aller « sur la piste de l'étreinte », pour reprendre la fameuse métaphore de Benzecry Saba, c'est déjà renoncer à l'exhibition pour entrer dans l'intime.

Que ce soit sur les rives marécageuses du Rio de la Plata, dans les faubourgs de Buenos Aires ou à Montevideo, le tango semble bien s'être construit sur la douloureuse sensation du vide, ou pour le moins sur le poids de la solitude, sur la nostalgie des racines perdues et sur la difficulté de l'exil. Il s'est épanoui au cœur d'un métissage entre blancs et noirs et d'un besoin de renaissance. C'était un véritable rituel initiatique riche d'échanges et une soupape très créative pour ceux qui cherchaient un réconfort. C'est là encore le pouvoir et l'avantage du manque que d'avoir construit ce Nouveau Monde. Et non seulement de l'avoir construit : mais de l'avoir fait naître en dansant sur nos battements cardiaques et sur nos pulsions intimes, bien plus que sur notre raison ou nos idées. C'est certainement là aussi son aspect le moins occidental, pour ne pas dire le plus « nègre ». Le tango argentin est à la fois musique et danse, cœur et corps. Il s'enracine dans le sol et se vit dans la chaleur d'êtres qui fusionnent. C'est pourquoi il est d'abord un appel aux émotions et au partage de sentiments complexes entre deux âmes sœurs. Le réduire à une construction purement technique dans l'espace — et ce quel que soit le niveau d'apprentissage — serait totalement dévastateur. Ce serait un peu comme apprendre à skier en ignorant sciemment que le terrain est glissant et la piste aveuglante. On n'enlève pas la neige pour tenir debout ! On s'y adapte pas à pas, dans une marche qui se dessine lentement dans l'espace. Au tango, la technique de ce savoir-là doit suivre au fur et à mesure de l'émotion et du désir qui s'expriment et non l'inverse. Chercher d'abord à sentir où l'on va et ce que l'on voudrait exprimer forme la base de toute la construction. C'est donc avant tout une recherche sur soi avant d'être un exercice corporel. Ce n'est pas non plus un sport, mais c'est devenu un art…

Dans toute discipline, les bons techniciens ne font pas forcément les bons artistes, mais les bons artistes acquièrent toujours les moyens utiles à l'expression de leurs émotions qui leur demandent d'évoluer sans cesse. Voilà quel est le parcours que je veux emprunter. Ce voyage dans le tango ressemble en tous points à celui qui m'a guidé jusqu'ici dans la musique et le théâtre.

Et si c'était nous

Il me faudra du temps pour danser le tango comme il me faudra encore du temps pour vivre. Le temps est un ennemi du résultat immédiat. Avoir des résultats immédiats et surtout « visibles » me donnerait la très mauvaise impression de vouloir que ce soit « payant », que tout soit rentable en me trouvant très vite une image acceptable aux yeux de la galerie, plutôt que d'approfondir ma sensibilité par une recherche fragilisante, mais ô combien salutaire. Je ne sais plus qui disait « ce qui compte ce n'est pas la part de tango dans notre vie, mais la part de vie dans notre tango. » Voilà une belle mise au point. Elle nous rappelle que toute construction humaine ne vaut vraiment que par ses facultés à nous émouvoir, à nous grandir et à nous unir. Or, un monde fait d'images enjôleuses et de représentations futiles ou égocentriques ne serait qu'un monde à vendre...

Quoi qu'il en soit, malgré les différences qui nous distinguent et parfois nous divisent, je veux naviguer vers cette île de la première ou de la dernière chance. Et je veux y aller avec toi « mon âme sœur » d'ici ou d'ailleurs, pour nous arrimer ensemble sur cette terre promise comme l'ont fait ces émigrants d'autrefois, entassés sur des bateaux bourrés de rêves. Je voudrais que nous y allions ensemble pour y vivre en paix de belles tranches de vie, au moins le temps de quelques *tandas* passionnées et sensibles. Pour les drôles d'Indiens que nous sommes, ce serait comme une réserve à la mode argentine, un lieu de vie où notre nature profonde reprendrait enfin ses droits, sans peur et sans reproche.

Mini lexique utile

Tanda : série de 3 ou 4 danses de même style et de même rythme, ou jouées par le même orchestre, et séparées entre elles par une pause (cortina)

Milonga : l'événement, la soirée, le lieu du bal de tango argentin — danse sur un rythme binaire, rapide et enjouée, parfois aussi plus lente.

Abrazo : étreinte, enlacement

Entrega : abandon, lâcher-prise

Tangueros : personnes profondément passionnées par tout ce qui concerne le tango, son histoire, sa musique ou ses paroles.

Practica : endroit où l'on vient régulièrement s'entrainer, pratiquer la danse, échanger et tester ses acquis

Cabecear : il désigne la manière traditionnelle, délicate et discrète, d'inviter un ou une partenaire à danser : d'abord par un regard, puis par un mouvement de la tête, si le regard est soutenu (acceptation).

Rubato : liberté d'interprétation dans le rythme, sorte de retard provoqué dans le phrasé mélodique et rattrapé sur les pulsations suivantes.

*

« Sur la piste de l'étreinte » – éditions abrazos 2007 : de Benzecry Saba : *journaliste, écrivain, professeur de tango*
Maria Nieves Rego : *danseuse, née le 6 septembre 1938*
Jorge Luis Borges : *Écrivain, poète argentin (1899-1986)*

Du même auteur :

Souvenirs d'un coin du monde
Nouvelle — Éditions BoD

Des vendredis dans la tête
Roman — Éditions BoD

Histoire de Monsieur Bertrand
Nouvelle illustrée

Confidences d'acteurs :
Théâtre et danse

Journal d'un pigeon voyageur
Roman – clin d'œil au peintre Magritte — Édit. BoD

Le don de l'invisible
Théâtre et arts plastiques – volet 2

Points de vue
Théâtre

Bid Bang !
Théâtre et arts plastiques – volet 1

Petites histoires à tiroirs
Théâtre

Comme une parenthèse
Théâtre

Imprimé par
Books on Demand, Norderstedt
ISBN : 9782810621668
Dépôt légal : septembre 2011